LES ARMES DES BOVRGEOIS DE PARIS QVAND ILS VONT à la garde des portes.

artiBus Prudens fecit.

Dedié à Messieurs le Preuost des marchans & Escheuins de ceste ville de Paris.

A PARIS,

Par Pierre Ménier, portier de la porte sainct Victor. 1616.

A MESSIEVRS LE PREVOST

DES MARCHANS ET ESCHEVINS
de ceste ville de Paris.

EN toutes choses où il s'obserue vn Ordre, la se re-
trouue quelque contentement, MESSIEVRS,
cela se peut aisement prouuer par l'œconomie de
ce grand Vniuers: non seulement es choses dont le
succez soit bon, mais aussi en celles dont il ne resulte que tout
mal. Car qui sera celuy qui n'auoue que la Guerre est la me-
re du malheur & la destruction de l'homme & de son ou-
urage? Celuy la n'auroit pas (pour experiece) les rudes attein-
tes des Guerres ciuilles passees, dont les playes ne sont pas encor
cicatrisees. Qui osera nier aussi qu'il n'y ait quelque contentement & subiect d'admiration, en l'ordre que l'on tiet aux
armées en assemblées de gens d'armes? Celuy là n'en auroit
iamais veu. pour exemple, ie n'ameneray point vne armée to
talle, preste & disposer à donner vne bataille: Mais seulemét
feray ie veoir le bon ordre militaire obserué, es compagnies des
bons Bourgeois de Paris, noble ville Metropolitaine de la Frã
ce, miroir des autres villes, seiour agreable de nos Roys, Aca-
demies des sciences, Escolle de vertu, & maintenant Areo-
page ou place de Mars pour le grand exercice des armes qui
s'y voit iournellement. ce bel Ordre, dis-ie, m'a faict entrer
en admiration, & ceste admiration m'a faict conceuoir ce
petit discours, pour vous representer la belle gradation qu'il y
a entre ceux qui commandent (dont vous estes Messieurs les
principaux & qui tenez le tymon & gouuernail de ceste grã-
de nef parisienne) depuis le plus grand iusques au plus petit;

Puis la richeſſe, beauté & bonté des armes: & le bon reigle-
ment qu'il aux exercices & conduittes iournalieres d'icelles
Compagnies. Mais a quel deſſain? Ne crains-ie point que l'on
me face la reſponce, que fiſt Ageſilaus à ceux qui luy deman-
doient, s'il ne luy plaiſoit point d'entendre vn homme qui cō-
trefaiſoit des mieux le chant du Roſſignol, non, ce dit-il quel
beſoin? puis que i'ay entendu le Roſſignol meſme. Auſſi me
pourroit on dire aquel propos ie vous repreſente ces choſes puis
que nous en ſommes tous & les acteurs & les ſpectateurs. La
deſſus ie reſponds que ſy ceſte cenſure rigoureuſe auoit lieu,
il faudroit bannir d'entre nous les excellents Peintres: leur
diſant que leurs naiues figures ſont vaines, puis que nous voyons le naturel des choſes, dont ils ne ſont qu'imitateurs. Mō
deſſein eſt donc (Meſſieurs) de faire voir a toute la France, de
quelle ardeur vous vous porteʒ au fidelle ſeruice du Roy, noſtre ſouuerain Seigneur. Quels artifices vous executeʒ, pour
la conſeruation & manutention de ceſte bonne ville, les belles inuentions, dont vous proceddeʒ a rendre la ieuneſſe ag-
guerie & genereuſe; Et par ce moyen, rendre ces actions me-
morables à la poſterité. L'on peut maintenant dire de ceſte
fameuſe ville de Paris, ce que l'on diſoit anciennement de La-
cedemone, que ſes murailles eſtoiēt les picques de leurs ieunes
gens. Et de la ville de Sparte, qu'elle ſe maintenoit fort bien,
a cauſe que les Roys y ſçauoient bien commander. Ainſi, Paris
eſt l'exemplaire & modelle des autres villes, pour ſon bon regime, & gouuernement, où l'on y voit reluire les bons Legis-
lateurs, qui ſont autant de Lycurgues, regie par des hommes
ſagez & experimentez, munie d'vne populace ag guerrie, fidelle à Dieu, à ſon Roy & à ſa patrie. Que reſte-il donc? ſinon
d'enſuiure le conſeil du Roy des Tartares Scylurus, lequel par
vne ſubtilité monſtra à quatre vingt enfans qu'il auoit, qu'il

n'y auroit que la concorde & bonne vnion d'entre eux, qui
les maintiendroit, contre tous leurs aduersaires: Et au côtrai-
re, qu'estans separez & disioints leurs ennemis les briseret
aysement Ce qui leur fit veoir au doigt & à l'œil, par le faif-
ceau de flesches qui leur monstra. Ainsi tant que la concorde, regnera parmy nous, nul ne pourra affronter, ny la ville,
ny les habitans d'icelle, ains comme vn Nauire (bien qu'agit-
tée des tempestes & bourrasques) arriuera tousiours au haure
d'honneur & de reputation. Aussi elle porte à bon droit les
fleurs de lis & le Nauire, monstrant qu'elle est regie par nos
Roys, ou que c'est le seiour d'iceux & qu'elle est le Nauire qui
porte la Thoison d'or de la France. Les Romains (subtils en
leurs inuentiõ) auoyent vne mõnoye, où estoit peint d'vncosté
la teste de Ianus à deux faces & de l'autre costé, vne proue ou
ne poupe de Nauire, voulant signifier par cela, que les villes
sont heureuses, qui sont bien regies (ce que mõstroit Ianus) &
où il y a facilité de traficq (ce que monstroit la Nauire) Ainsi
la ville de Paris peut à bon droit porter les fleurs de lis, repre-
sentant le bon regime de nos Roys François en icelle, & la
Nauire pour representer le traffic des Marchandises & vi-
ures necessaires. Excusez donc, Messieurs, ma trop grande temerité & regardez seulement à la bonne volonté de celuy,
qui ne desire que le seruice de Dieu, du Roy, & de sa ville na-
tale qui est Paris & de demeurer de vos grandeurs.

Le tres-humble & tres-obeissant
seruiteur PIERRE BINARD.

A iij

A Messieurs, Rouſſel, l'vn des Cappitai
nes des Bourgeois de Paris, de Mont-
Rouge ſon Lieutenant, & Bobline
ſon Porte-enſeigne.

Sonnet.

Ayant l'heur & l'honneur d'eſtre
 ſoubz la puiſſance
De vos commandemens, ie me ran-
 ge Soldat
Deſſous voſtre pouuoir, regime, & eſtédart
Affin de teſmoigner mó humble obeiſſáce.

Et ce petit liuret, qui va courir la France,
Craignát des mediſans l'aſſaut & le hazart,
Implore vos faueurs, luy ſeruant de rápart,
D'Ægide, & de Bouclier, & de ſeure deſſéce.

I'accuſerois le tort de ma temerité,
Mais, i'ay veu que marchant ſoubs voſtre
 authorité
Il euite les coups de ces langardes pointes.

Car quel meilleur abry pour ces vents o-
 rageux
Que les noms redoutez de vous, chefs courageux,
Qui Prudence & Valeur, aux armes auez
 iointes.

  Par voſtre tres-humble ſoldat &
ſeruiteur, P. Binard.

LES ARMES DES BOVR-
geois de Paris, quand ils vont
à la garde des portes.

BIEN que le temps nous côuie,
De faire vne triste vie
Pour les bruits que nous oyõs,
pour les maux que nous voyõs
Et que Bellonne ou la Guerre
Boulleuerse tout par terre,
Et que contre toute loy
Le subiect faict guerre au Roy,
Que les campagnes de France
Sont en extresme souffrance,
Pour les insolents soldats
qui courent de toutes parts.
Ne viuans que de pillages
qu'ils font aux pauures villages
Et les Villes & Citez,
Comblees d'aduersitez
Ont leurs Cytadins en armes
qui de frayeurs & allarmes
Se resueillent en sursaut,
Craignant vn siege, vn assaut,

Vne traiſtreſſe entrepriſe
Vne eſcallade ou ſurpriſe,
Vne famine ou cherté,
Qu'il n'eſt point de liberté
De plaiſir ny d'aſſeurance
En quelque lieu de la France
Soit aux villes ou aux champs,
Tant les hommes ſont meſchans.

   Et tout pour l'humeur fantaſque,
De ceux qui deſſoubs le maſque
Du bien & public repos,
Nous vont rongeant iuſqu'aux os,
Penſant baſtir leur fortune
Du desbris de la commune.

   Mais bien que tant de malheurs,
Soyent cauſes de nos douleurs
Si eſt ce pourtant ſi eſt ce,
Qu'il ne faut que la triſteſſe,
D'vn gliſſant & petit pas
Nous meine iuſqu'au treſpas,
  „ L'homme qui touſiours ſe faſche
  „ Sans ſe donner du relaſche
  „ N'ayant ſes eſprits contans
  „ Ne peut pas viure long temps.

   Il faut pluſtoſt qu'vn courage
Paroiſſe en noſtre viſage
Eſperant tous qu'au retour

Du Roy Lo v ÿ s de fa cour,
Et de l Infante d'Efpagne
Sa chere efpoufe & compagne,
Nous verrons comme ie croy
Chacun flefchir foubz le Roy
Et cefte mutine armée,
Deuenir tonte en fumée :
Affin que tous deformais
Nous viuions en bonne paix.

Car le Roy, Soleil de France,
Peut de fa grande puiffance
Diffiper par fes regards
Les brouillards de ces hagards.

Mais tout beau, ma chere Mufe,
Ie voy bien que tu t'abufe,
Et penfant fuiure vn fubiect,
Tu t'arrefte à autre obiect.

Rentre donc dans la carriere,
De ta voulonté premiere,
Qui eft de nous faire veoir
Qu'vn mal-heur n'ait le pouuoir
De nous donner fafcherie
Tout le temps de noftre vie,
Sans qu â fon tour le bon-heur
Donne ioye à noftre cœur.

Ie blafme fort Heraclite,
Ie blafme encor Democrite

Dont l'vn pleure tant qu'il vit
Et l'autre fans cefle rit,
Monftrant tous deux en leur vie
Leur differente folie.

    Or de ces deux il nous faut,
Confiderer le deffaut,
Affin qu'entre ces limittes
Où deux points fi oppofites,
Nous trouuions en verité,
L'Alme mediocrité,
Qui donne à toute occurence
Vne iufte temperance.
Et veut que dans certain temps
Nous foyons ioyeux contans,
Et qu'en d'autre la lieffe
Face place à la trifteffe.

    Or le fubiect que i'ay pris
De traicter dans mes efcrits,
Bien que de la guerre il fonne
Ne fera pleurer perfonne.

    Ains d'vn difcours ferieux,
Rendra l'efprit curieux
Du Lecteur plein d'allegreffe
Voyant les armes, l'addreffe,
Le bon ordre, & les habits,
Des Citadins de Paris,
Lors qu'vn tambour les appelle

Pour marcher en sentinelle,
Craignant qu'ils ne soyent soubmis
Au ioug de leurs ennemis.
    O vous deitez celestes!
Descendez tant que vous estes,
Quittez le trosne sacré,
Laissez le nectar succré,
Abandonnez vos delices,
Post posez vos sacrifices,
Et descendez icy bas,
Pour veoir les guerriers esbats,
De la ieunesse ciuille,
De la plus fameuse ville
Qui soit dans vostre vniuers,
Fendez le Ciel & les aers,
Les vents & les grosses nuës,
Et les Atomes menuës.
    Ainsi que fistes iadis,
Descendant de Paradis
Sur l'Olympienne crouppe
Pour voir la Troyenne trouppe,
S'esbattant aux ieux de Mars
Ainsi que font nos soldats
    Approchez disert Mercure
Pour prendre le soin & cure
De ce Martial discours,
Affin que prenant son cours

B ii

Ce liuret dedans la France
Il soit doüé d'elegance,
Ayant de vous ce bon-heur,
De pouuoir chanter l'honneur
De nos vaillans CAPITAINES.
Et par sentences hautaines,
Faire veoir l'esle&ion,
Des gens de perfe&ion,
Craignant Dieu, de bonne race
Pour regir la populace.

   Gens que l'on a reconnus
S'estre tousiours maintenus
En la sincere croyance:
Et vrays enfans de la France
Tenir (constant) leur serment
Sans vaciller nullement,
Sans rien penser, dire ou faire,
Pour le bien de l'aduersaire,
Sans son courage fleschir,
Sans coniuer ny gauchir:
Ains d'vne ame genereuse
Du point d'honneur desireuse,
Ne vont espargnant leur sang,
Affin d'estre mis au rang
De ceux qui grauent leur gloire,
Dans le temple de memoire.
   Ainsi quand l'on a fai& chois

Par pluralité de voix
Chacun en sa conscience
D'vn qui a l'experience
Suffisante à gouuerner :
Lors on luy vient à donner
Vn quartier pour son domaine
Dont il est faict C A P I T A I N E.
   Et puis solemnellement,
On faict faire le serment
Requis en affaire telle
D'estre à tousiurs tres-fidelle,
Par inuiolable foy,
A D I E V premier, puis au Roy,
Et aux magistrats de ville.
   Ainsi par ordre ciuille
Il commence à commander,
Sur ses gens, saus gourmander :
Affin que l'on le reuere
Comme chef & comme pere.
   Car ce n'est assez d'auoir
Dessus autruy du pouuoir,
Mais il faut que la prudence,
Tienne le frein & cadence
Pour tantost estre en courroux,
Et vne autre fois plus doux,
Comme l'affaire est vrgente
Du subiect qui se presente

B iii

,, Le cruel se fAict hair,
,, Et le doux des-obeir,
Si bien qu'il faut qu'il se tienne
En temperence moyenne.
    Plus, ie diray de rechef,
Qu'il faut trouuer en ce Chef
Sinon beaucoup de science
Au moins de l'experience,
Pour bien regir ses soldats,
Affin que dans les hazards
Il ne face apprentissage
Où (comme vn Berger mal sage
Et peu cault) mette à tous coups
Sa trouppe à la gueulle aux loups.
    Pour estre donc en estime,
Il luy faut cœur magnanime,
Plein de generosité,
L'Esprit de viuacité,
Dans son ame le courage.
Et qu'on voye son visage,
Respectueux comme vn Mars :
Affin que par ses regards,
Il rende nostre ame atteinte
Ores d'Amour or' de crainte,
Au parler la grauité,
Aux mains la dexterité,
Bref que du corps tout le reste

Ainſi que l'eſprit ſoit leſte.
    Or telles conditions
Et belles perfections,
Marques dignes & certaines,
Sont en tous nos CAPITAINES,
Chacun eſtant curieux
De paroiſtre à qui mieux mieux.
    Ainſi chacun chef commande
A ſa ſoubs commiſe bande,
Eſliſant vn LIEVTENANT
Vaillant, diſcret, aduenant,
Qui a la meſme puiſſance
Que le Chef en ſon abſence:
C'eſt ſon conſeil, ſon confort,
Son appuy & ſon ſupport,
A luy touſiours ſe conſeille,
Et ſouuent preſte l'oreille
A ſes Martiaux deuis
A ſes propos & aduis:
Il n'entreprend nulle choſe
Que toſt il ne luy propoſe
Sa fin & intention
Et par qu'elle inuention
Il veut finir & parfaire
Vne telle & telle affaire.
    Puis ſachant bien qu'vn trouppeau
N'eſt diſtinct que du drappeau,

Il choisist vn Porte-enseigne
Homme dont nul ne se plaigne
Pour l'improbité de mœurs
Pour ses fascheuses humeurs:
Ains discret vaillant & sage,
Le prent d'assez grand corsage
Courageux adroict constant,
Pour aller mieux resistant
A quelque course ennemie,
Aymant mieux perdre la vie
Qu'on luy vint a reprocher,
Qu'il s'est laissé arracher,
(Luy viuant) de sa main forte,
La Banderolle qu'il porte.

   Ainsi ces hommes adroits,
Sont Capitaines tous trois,
Et sont eux trois qui commandent,
Veillent, conduisent, deffendent
Le trouppeau à eux commis.

   Et d'vn bon accord vnis,
Marchent chacun en leur ordre,
Pour esuitter tout desordre,
Sçauent bien leur rang tenir
Pour la paix entretenir,
Sçauent donner la seance,
L honneur & la preferance,
A celuy qu'elle appartient,

Le Chef

Le Chef le premier rang tient,
C'il qui a la lieutenance,
A la seconde seance,
Le rang troisiesme est admis,
Au Chef a qui l'on a mis,
L'enseigne en sa sauue garde,
Au milieu du corps de garde,
Pour son vray lieu. Car iaçoit,
Qu'vn chacun des trois reçoit,
Pour sa dignité certaine,
Ce beau nom de CAPITAINE,
Si est-ce qu'vn est premier,
L'autre second, puis dernier,
Sans qu'on y admette ou vse,
De la desordre confuse,
Tenant chacun comme il faut,
qui bas, qui milieu, qui haut,
Nous faisant voir la pratique,
D'vn Triumuirat antique.

Or donc d'vn accord tous trois
(Comme estans chefs des Bourgeois)
Ils font le choix & l'eslitte,
De quelques gens de merite,
Pour en faire des SERGENS,
Hommes prompts & diligens,
Fondant sur leur diligence,
Bonne part de leur regence.

Comme pour les ſoulager,
Sçauoir les ſoldats ranger,
Par preceptes militaires,
Choiſiſſant les M o v s q v e t a i r e s,
Plus agguerris, mieux armez,
Et plus hardis eſtimez,
Pour mettre au front de la bande,
Soit elle petite ou grande,
Sçauoir eſlire ou choiſir,
Et les ranger a plaiſir,
Aux deux coſtez (dits les aelles)
Ceux qui d'armeures plus belles,
ſont fournis. Car le troupeau,
En paroiſt touſiours plus beau,
Et prudemment faire ioindre.
Au milieu des rangs le moindre:
  ſçauoir ſi bien diſpoſer,
ſes gens affin de poſer,
Pres de l'Enſeigne dreſſée,
Vne trouppe heriſſée,
D'hallebardes & d'Eſpieux
(Armes propres pour les vieux)
Puis de picques de Biſcaye,
Vne trouppe allaigre & gaye,
De ceux qui ont plus grand corps,
Plus hardis adroits & forts,
En fin ſçauoir prendre garde,

De fournir l'arriere garde,
D'hommes que (bien que derniere)
Soyent semblables aux premiere,
En force, en habits, en gestes,
Et en leurs armeures lestes,
Tenir les fils & rangs droits,
Et marchant faire long bois.
    Ces SERGENS ont donc l'office,
(Bien instruits en la milice)
De mettre vn ordre par tout,
De l'vn iusqu'a l'autre bout.
    Puis pour donner allegeance,
Aux SERGENS pour leur regeance,
Sont esleus des CORPORAVX,
Hommes ronds francs liberaux,
De bonne mœurs, bonne vie,
Affin que le Chef s'y fie,
Desireux de faire veoir,
Qu'ils font tousiours leur deuoir,
N'ayant point l'oreille sourde,
Ny mesme la iambe gourde,
Ains gaillards, legers, dispos,
Ne sont iamais en repos,
Pour poser les sentinelles,
Aux places & aux venelles,
Sçauoir qui entre & qui sort,
Si l'on a son passe-port,

si quelque armeure se glisse,
Par la fraude & la malice,
De quelques faux habitans,
(ô mal commun de ce temps)
En fin prendre bien pres garde,
Que l'on face bonne garde.
  Apres dessoubs eux sont mis,
Des hommes comme Commis,
Que l'on nomme HANSPESADES,
Non point des hommes mausades
Negligents ny paresseux,
Mais parfaicts semblable a ceux,
Desquels ils tiennent l'office,
Exerçant mesme police,
Mesme charge & function,
Mettre vn homme en faction,
Oster l'autre qui s'ennuye,
D'estre au vent & a la pluye.
  Aprez sont les Appointez,
soldats vn peu respectez,
Et releuez du vulgaire,
Ceux a qui l'on a veu faire,
quelques traicts d'agilité,
Ou bien pour leur qualité,
Ou pour l'aage ou apparence,
Qui merite preferance,
Pour distinguer comme il faut,
Qui bas, qui milieu, qui haut,

,, Rien n'est d'auoir bonne mine
,, sy par ordre on ne chemine.
Bref voylà du regiment,
Ceux qui ont commandement,
Et ont pouuoir sur le reste,
D'vne compagnie leste.
    Puis ces Chefs sachant tres-bien,
Que pour enhardir n'est rien,
Meilleur, & qui cœur nous donne,
Que lors qu'vn tambour bourdonne,
Ils sont pourueus de Tambours,
qui sachent bien tous les tours,
Et tous les tons de la guerre,
Contre-faire le tonnerre,
sonner l'allarme, l'assaut,
Là Diane quand il faut,
Esueiller, mener, conduire,
seiourner & raconduire.
    Il faut qu'vn Tabourineux,
soit diligent matineux,
Gaillard, discret & brauache,
Et n'est pas assez qu'il sache,
sonner pa, ta, pa, ta, pan,
Car s'il conuient faire vn ban,
De la part du CAPITAINE,
Faut que sa voix soit hautaine,
Large gosier estendu,

C iij

Affin qu'il soit entendu,
En fin que propre il se tienne,
Ainsi que faict Maistre Estienne.

Puis pour les accompagner,
La coustume est leur donner,
Quelque bon ioueur de fiffre,
Ny vn pouffif, ny vn piftre,
Ny gasté dans le poulmon,
Comme feu Maistre Simon,
Ains qu'il soit de libre haleine,
Et soufflant a bouche pleine,
Touchant des doigts son flageol,
Face mieux le Rossignol,
Et que sa voix delicatte,
Le son du tambour rabatte.

Or voylà pour dire en bref,
Comme vn CAPITAINE ou Chef,
Donne ordre a sa compagnie,
Que de tout soit bien garnie.

Mais entre vous Deitez,
Qui ces bas lieux visitez,
Pour veoir l'addresse des hommes,
De la Cité où nous sommes.

Ie vous appélle (ô forgeur)
Grand Vulcan plein de rougeur,
quittez l'Isle de Lipare,
Lieu où vostre main prepare,

Les armeures des hauts Dieux,
Les vrays Cytadins des Cieux,
Laissez d'Ætna la fournaise,
Le Mont Gibel, & sa braise,
Iettez enclumes, marteaux,
Pinces, tenailles, cizeaux,
Dont vont battant tant de lames,
Vos Cyclopes Monophthalmes,
quittez le fer & l'acier,
Et ce penible mestier,
Et d'vne œillade subtille,
Contemplez dans ceste ville,
Du vaste & noble Paris,
Les Citoyens agguerris,
Conferez si leurs armeures,
Trempees graueures doreures,
Sont point de vostre façon,
Ostez nous en de soupçon,
Car d'estre ainsi si parfaictes,
Il faut qu'vn Dieu les ait faictes.
    Premierement admirons,
Ces Mousquets pollis & ronds,
qui font plus de bruit sur terre,
qu'en l'air ne faict le tonnerre,
Considerons tous leurs corps,
Nets & pollis par dehors,
Dont la basse grosse & large,

Les rend de pezante charge,
Puis les longs par pans vnis,
Limez,adoucis,brunis,
Nous vont monſtrant la ſcience,
Coniointe a la patience,
Les bouts mignonnement faicts,
En fin les rendent parfaicts.
    Puis le trou qui ſert de centre
De bouche,de col,de ventre,
A ce corps,eſt ſi profond,
Si droict,ſi vny,ſi rond,
Qu'vne balle à ce qualibre,
Ny trop contrainte ny libre,
Pouſſée d'vn feu ſouffreux,
Sort tout d'vn coup ſi affreux,
Si droit qu'elle ne forligne,
De l'eſpeſſeur d'vne ligne,
Du lieu que l'on pretendroit,
Et que tirer on voudroit,
Tant,ce canon ſans macule,
Eſt net ſans paille & cellule.
    Mais pour perfectionner,
Et de la grace donner,
A ceſte œuure Martialle,
Il faut la monture eſgalle,
Ainſi qu'on la voit a tous,
D'vn beau bois dur poly doux
Qui maintenant

Qui maintenant se façonne,
D'vne crosse à la Walonne,
On y voit de tous costez,
Milles endroits marquetez,
De Belle Nacre de perles,
En oiseaux, pyuers, cocqs, merles
Cheuaux, chiens, loups, leopars,
Animaux propres de Mars,
Et puis de lignes dorées,
Sont encore decorées,
Ces magnifiques façons,
En rinceaux & limacons,
Las-d'amour. cadeaux, moresques,
Et crotesques arabesques
Le tout faict si delicat,
Qu'il faudroit vn Aduocat,
Bien disert pour vous le dire,
Pour tels qu'on les voit l'escrire,
Bref pour le dire en effect,
Il n'y a rien d'imparfaict.
  Les Harquebuses de mesme,
Sont d'vne beauté extresme.
  Puis pour supporter ces corps,
Qui sont si pezants & forts,
Sont les Fourchettes iolies,
Bien limées & polies,
De fer, ou fonte & encor,

D

La plufpart couuertes d'or,
Qui grauées, qui taillées,
Et les autres efmaillées,
Puis chacun bois eft couuert,
L'vn gay d vn beau veloux vert,
qui bleu, qui couleur d'oliue,
qui rouge à la couleur viue,
qui blanc, qui iaune, qui gris,
qui d efcarlatte de prix,
Bref chacun de chafque forte,
Ses liurees ainfi porte.

Et puis pour faire en effect,
que le tout foit bien parfaict,
Et que braues on les voye,
Sont houppes franges de foye,
Puis du paffement meflé,
De foye auec l'or filé,
Des cordons ou de la gançe,
Ainfi que chacun s'ageance,
Et des clous dorez deffus,
Dont font clouez ces tiffus,
Ainfi pour fin ces Fourchettes,
Sont belles riches bien faictes,
Tout y brille & y reluit.

Puis comme tout s'entrefuit,
On y voit les Bandoüilleres,
Tout de femblables manieres,

De mesme estoffes couleurs!
Et de pareilles valeurs,
Se voyant toutes fournies,
De huict charges bien garnies,
Sans conter le Pouluerain,
Faicts de fer blanc ou d'æirin
Couuertes comme le reste,
Affin que le tout soit leste.
    Et ces petits tuyaux creux,
Sont pleins d'vn mixte souffreux,
D'vne fine & bonne poudre,
qui sert aux humains de foudre,
Sy tost qu'vn seul brin de feu,
S'en approche tant soit peu.
    Apres est la Gibbeciere,
Au bas de la Bandoüillere,
Où des poids de plomb sont mis,
Pour tuer les ennemis,
Et par derriere on y fourre,
Ou le papier, ou la bourre,
Affin de ne rien manquer,
Pour deffendre ou attaquer,
Chaque chose ayant sa grade,
Puis la Meche de parade,
Liée d'vn cordon blanc,
Y retient aussi son rang,
C'est donc la du Mousquetaire,

Tout l'attirail militaire.
　Considerons ceste fois,
De nos Picquiers les longs bois,
Leurs belles picques branslantes,
Comme elles sont excellantes,
Considerons leur grandeur,
Leur droict fil & leur rondeur,
Et leurs soupplesses iolies,
Comment elles sont polies,
Claires & nettes par tout.
　Aduisons le fer du bout,
Si c'est d'acier fin d'estime,
Voyons de pres si la lime,
Le burin, le brunissoir,
Ont faict chacun leur deuoir,
Si la graueure est bien faicte,
Si la doreure est parfaicte,
si le biseau est bien droict,
si le bout est trop estroit,
s'il est trop court & trop mousse,
si alors qu'vne secousse,
On luy donne pour toucher,
Il ne vient a reboucher,
quand rudement on le flanque,
Ou si quelque chose y manque,
Non, non (dis-ie) il ne faut pas,
Le reuoir ny haut ny bas,

Ains tenir pour chofe vraye,
quand le fuft eft de Bifcaye,
Et que le fer en eft pris,
Et fabriqué dans Paris.
Croyez qu'vne telle Picque
A toute autre faict la nicque,
Comme l'on voit cefte fois,
Celles de nos bons Bourgeois,
Qui amateurs des armeures,
Les ornent de cent pareures.
  Comme ils parent le milieu,
D'vn fourreau, blanc, rouge ou bleu,
Frangez tout d'or & de foye,
Et puis pres du fer endoye,
Du taffetas a plaifir,
quand il faict vn doux zephir,
Le bout d'embas qui à peine,
Eft faict d'yuoire ou d'ebeine
Ainfi ces baftons font faicts,
Beaux bons propres & parfaicts
Car ces Belliqueux gens-d'armes
N'ont point que de belles armes.
  Les Mi-piques, Iauelots,
Meritent femblables los.
  Voyons, les armeures blanches
qui font pour couurir les hanches,
Ventre, dos, bras, tefte, col,

D iij

Si le fer n'eſt point trop mol,
Ne pouuant (tant ſont recuittes)
Reſiſter aux pommes cuittes.
   Voyons y le corſelet,
Le Braſſart, le Gantelet,
La Bourguignotte, les cuiſſes,
Armes que portent les Suiſſes:
Voyons s y les armeuriers
Seront dit tres-bons ouuriers,
Si l'eſtoffe eſt point trop aigre,
Et ſi pour la rendre alaigre
Ils ont le fer eſtendu,
Et de coups mince rendu,
qui puiſſe apporter dommage.
Non, non, quittons ce langage,
Ains confeſſons que iamais
A Stabourg, Sedan & Mets,
On n'a veu ſi belles armes,
que celles qu'ont nos gens d'armes:
Comme faictes dans Paris,
ſont d'ineſtimable prix,
(L on tient auſſi qu'à Limoges
ſont deux bons maiſtres de forges,
Deux freres, dits Mabarreaux
qui font miracles nouueaux.)
   Laiſſons eecy en arriere,
Car noſtre trouppe guerriere,

Voyant n'auoir grand besoin
De cecy, ne prend pas soin
De ces armeures pezantes,
Ains les laissent reposantes
Nettement dans leur maison,
Pour s'en seruir en saison.

  Car desirant d'estre à l'aise,
Ils portent vn hausse fraise,
Hausse-col dit autrement,
Pour les orner seulement,
Et pour seruir de parade
A chacun selon sa grade.

  Les CAPITAINES en ont
De dorez, d'autres qui sont
D'argent pur, où sont assises
Des pourtraictures exquises,
Qui nous vont representans
Les affaires de ce temps.

  Comme faire voir la Guerre
Des Tytans, fils de la Terre,
Qui portoient mont dessus mont
A la sueur de leur front:
Desirant, par leur audace,
Ietter Iupin de sa place.
Lors Iupiter en courroux
Eslança son foudre roux
ses esclairs, & ses tempestes,

sur ces Gygantines testes.
Pour monstrer qu'il ne faut pas
que les mortels d'icy bas,
soyent si ozes, temeraires,
Que d'estre au grand Dieu contraire
Croyant que la Deité,
Et d'vn Roy la maiesté,
Prennent, quand leur plaist, vengeance,
D'vne si peruerse engeance.
   Ainsi plusieurs beaux pourtraicts
De l'Antiquité extraicts,
sont veuë, & puis des trophees
En ces figures bossees.
   D'autres hausse-cols d'orez
sont si bien elaborez,
Que n'ayant rien à redire
Tout le monde les admire.
Mettant peine d'en auoir
Chacun selon son pouuoir.
   Apres, pour les autres hardes
Comme Espieux & Hallebardes,
Pertuisannes & bastons
Deffensifs, que nous portons,
En nos gardes coustumieres,
sont de si riches manieres:
Que l'on ne peut dire mieux.
   Car ces gros larges Espieux,

Ont les

Ont les lames bien dorées,
Puis de franges colorées,
Meslez de soye & d'or fin,
semblent d'vn Tyrse diuin.

    Les Pertuisannes semblables
sont aussi si admirables
Et d'vn si beau parement,
Qu'elles sont tant seulement
Par les CAPITAINES prises,
Tant sont riches & exquises.

    Les Hallebardes aussi,
Ont le fer si esclarcy
Par le racloir, ou rugine,
Et poly par la Sanguine,
Que le Soleil radieux,
Iettant son bel œil des Cieux,
A trauers de l'air humide,
Sur cest instrument lucide,
Sa lumiere va d'ardant
Dans les yeux du regardant,
Et rend la veuë esblouyë.

    qui, d'ailleurs, est resiouye
De voir vn plaisant vert gay,
Meslé comme vn papegay,
Des soyes dont sont frangees,
Puis l'on voit plusieurs rangees.
De clous d'or, semez par tout

E

De la hante iufqu'au bout,
Ainfi chacun s'accommode
Selon fon aage, fa mode,
Sa diligence ou pouuoir,
Et de ce qu'il peut auoir.

　　Voyons ores les Efpées,
Si elles font bien trempées,
Et faictes d'vn fin acier,
Reconnoiffons au plier
si elles font trop caffantes
Ou bien trop obeiffantes,
Car ce font là deux exces
De tres-dangereux acces.
,, L'Efpée aigre à vn gendarme
,, Rend fa main fouuent fans arme,
,, Et la molle, au coup d'eftoc,
,, Deuient bien fouuent en croc
,, A la moindre refiftance,
,, Ce qui eft fort d'importance.
Car l'ennemy vient à voir
Que l'eftoc n'a plus pouuoir
Deffus luy, Et qu'il bataille,
Contre vn qui n'a que la taille,
Il deuient plus courageux,
Eftant plus aduantageux,
Qu'à fon efpée il voit iointe,
La taille, auecque la pointe,

Et la pouſſant dans le flanc,
Luy faict ſortir vie & ſang:
Ainſi l'vn a la victoire,
Qui enuoye l'autre boire
Dans le bouillant Phlegethon,
Au Royaume de Pluton:
Faute (au mort) que ſon eſpée
N'eſtoit pas aſſez trempée.

　　Or le moindre de ces maux,
C'eſt quand elle vient en faux,
Car combien qu'elle n'offence,
Elle eſt touſiours de deffence
Pour au beſoin s'en paſſer:
L'autre qui vient à caſſer
Si ſoudain, rend deſgarnie
La main qui s'en eſt fournie.
Qui, priuée de pouuoir,
Met ſon homme au deſeſpoir,
Dont l'autre engendre vne audace,
Et le renuerſe en la place.

　　Il faut donc, prendre plaiſir
De les eſlire & choiſir,
De bonne eſtoffe acerée,
Et de trempe temperée:
Si bien qu'en les eſſayant,
Et en croiſſant les ployant,
Ces bonnes lames eſtroictes

Sans casser, reuiennent droictes:
Il faut donc les esprouuer
Pour ne point mal s'en trouuer.

Et bien que le monde tienne
que celles là de Vienne
Sont bonnes, où est escrit
In Vienna me fecit:
Mesmes, que les Espagnolles
N'estant trop aigre, ny molles
(Où est pourtraict vn vieux Loup)
Les surpassent de beaucoup:
Si est-ce que c'est folie
A celuy là qui s'y fie,
s'il ne vient auparauant
Meurement les esprouuant.

Or nos Guerriers, fins & sages
sont faicts à tous ces vsages,
La plus part faisant amas
De coutelas de Damas,
Ou de lames à l'espreuue,
Comme a Paris on les treuue.

Puis (comme en tout) la beauté
Ils ioignent à la bonté,
Ils parent ces allumelles,
De gardes, riches & belles,
Ainsi que l'on en voit fort,
D'or & d'argent de raport,

superbement façonnees:
D'autres sont damasquinees,
Qu'on ne peut rien voir plus beau,
D'autres sont en couleur d'eau.
  L'vn tiendra pour estimée
Vne artistement limée,
L'autre aura l'esprit fiché
sur vne d'argent haché,
D'autres trouuent plus iolies,
Les dorees & polies,
D'autres seulement le noir:
Chacun selon son vouloir
Ou humeurs, libres, ou chiches:
Mais en fin sont toutes riches.
Chacune ayant son fourreau,
Où le poinçon, & cousteau
sont mis pour faire seruice:
Où se voit mesme artifice,
Car gardes, cousteaux, poinçons,
sont de pareilles façons,
Pour ne voir rien dissemblable,
Ains que tout soit admirable.
  Aucuns de nos gens mignards
Portent aussi des poignards
qui vont posant sur leur fesse
Pour mieux sentir leur noblesse.
  Ils ont aussi les pendans

En tous points correspondans,
Car l'or & l'argent ondoye
sur les estoffes de soye,
soit de larges passemens,
Ou de plus beaux ornemens,
Comme sont les broderies
D'or, d'argent, de pierreries,
D'inestimable valeur,
Et les soyes de couleur
sont par la main & l'aiguille,
D'vn maistre Brodeur habille
si bien posez à loisir,
Que c'est vn tres-grand plaisir,
De voir ces couleurs naïues,
Representer des fleurs viues,
Dont Flore embellist son sein,
Au Printemps gay & serain.

D'autres braues porte-espees,
sont d'estoffes decouppées,
D'autres sont de cuirs musquez,
Sur lesquels sont appliquez
Des cloux façonnez en roze,
Selon qu'vn chacun dispose:
Ceux là de moindre ornement,
Ont pourtant du passement
D'or, d'argent, ou de sayette,
Ou bien piquez en chesnette.

Apres nous remarquerons,
que les petits ceinturons
Sont de semblables pareures,
Où ne manque la ferrure
Bien faicte, & limée encor
Couuerte d'argent, ou d'or,
Bref tout y est tres - sortable,
Et d'vn aspect delectable,
Rendant nos soldats aymez,
Et sur tous autres estimez.
  Ainsi, armez de la sorte
Le iour qu'ils vont à la porte,
Tant les ieunes que les vieux
S'accoustrent à qui mieux mieux,
Soit d'habits & d'esquipage,
Mais chacun selon son aage,
Son office ou qualité
D'ou vient l'inegalité.
  Les vns pour estre brauaches,
se couurent de grands Pennaches,
Ou d'aygrette, aux chapeaux gris
Et des enseignes de pris.
  D'autres des escharpes blanches
Qui leur vont dessoubs les hanches,
Bref c'est à qui mieux fera,
Et qui plus braue fera.
  C'est icy, trouppe immortelle

Où d'ardeur ie vous appelle,
Pour redoubler vos soulas,
Mais entre tous (ô Pallas!)
Tritonnienne, Minerue,
Cest endroit ie vous reserue:
Ie vous le faicts conuenir
A vous, que l'on dit venir
Toute grande & toute armée,
De la ceruelle estimée,
De ce puissant Iupiter:
Venez icy assister,
Car sur les Armes, les villes,
Et les ouurages d'aiguilles,
Vous auez gouuernement,
Contemplez donc l'ornement
Tant des armes, qu'autres hardes,
De nos Phalanges bragardes.

   Aduancez vous, ô Dieu Mars,
Protecteur de nos soudars,
Laissez vn peu ceux de Thrace,
Gens sortis de vostre race:
Et venez voir nos François
Issus de ces vieux Gaulois.

   Dont vous estant en colere
Contre Gallus, leur grand pere,
Pour deceller vos secrets
Au grand Phœbus porte-raiz,

En vn

En vn cocq le trans-formaftes,
Et telle voix luy donnaftes.

  Oubliez donc ce peché,
Dont ceft Ayeul fut taché,
Et laiffez vos deux compaignes
(Colere & crainte)aux campagnes,
Monts,dezerts,& autres lieux:
Montrez vous là furieux,
Et non,en nos affemblées
Ne les rendant point troublées.

  Venez donc d'vn œil ferein,
Confiderer tout le trein
De nos Guerrieres Cohortes,
Quand ils vont garder les portes
Du noble & fameux Paris.

  Voyez nos Chefs agguerris,
qui bien armez,du tout braues
Vont à pas difpos & graues,
Et d'vn maintien gracieux,
Tant du corps comme des yeux:
Font affembler la lieffe,
Auecques la hardieffe.

  Ainfi ces Chefs eftimez,
De courages bien armez
Font de leurs trouppes guerrieres,
Les deux perfonnes premieres.

  S'ils font debilles & vieux

F

quelqu'vn porte leurs espieux,
Et eux de peur d'auoir peine
Portent vn baston d'ebeine
Au pommeau d'yuoire blanc,
Et ainsi tiennent leur rang:
D'autres ont la Iaueline,
Dont la pointe est argentine,
Les Pertuisannes encor
Dont tout ne paroist rien qu'or.
Les autres plus magnifiques,
Portent au poignet leurs Picques,
D'vn port si maiestueux
que l'on ne peut dire mieux.
Ainsi donc ces CAPITAINES
Ont leurs Armes incertaines.
  Apres, quatre CAPORAVX
Hommes à peu pres esgaux,
Soit de corps, d'habits, de gestes,
Et de MOVSQVETS beaux & lestes:
Car les qualitez qu'ils ont
Veulent qu'ils marchent au front.
  Puis apres ces quatre viennent
Les HANSPESADES, qui tiennent
Leur rang & leur grauité,
Comme veut leur qualité.
Puis deux rangs de Mousquetaires,
Hommes experts aux affaires:

Puis l'on faict vn rang de deux
Du Fiffre & Tabourineux.
Et là le fiffre fredonne,
Et là le Tambour bourdonne,
La le flageol esclattant
Passe le tambour battant:
L'vn faisant son tintamarre
Dessus l'autre qui chamarre.
　　Puis les Soldats vont apres,
Esleuz & choisis expres
Pour orner des mieux la bande
Par celuy qui leur commande:
Qui quatre à quatre assortis,
Et d'armeures bien partis,
Ont vne si bonne grace,
Chacun en son lieu & place,
Son rang, son fil, son niueau,
qu'on ne peut rien voir plus beau.
　　Et puis, pour le corps de garde
Suit vne trouppe bragarde,
De bons Bourgeois respectez,
que l'on surnomme Appointez,
Qui d'habits & belles Picques,
Sont ioliment magnifiques
De quatre à quatre arrangez.
　　Et apres eux, sont rangez
Le Tambour & Fiffre encore,

Dont cest endroit se decore:
Là leurs sons ont la vigueur,
De mettre aux soldats le cœur.
    Apres est le PORTE-ENSEIGNE,
Qui se plaist & qui se baigne
De porter haut sur son bras,
L'Enseigne de taffetas:
Qui bouffe, s'enfle & secouë,
Quand le doux zephir s'y iouë.
    Ce Chef, ayant le cœur haut
Pour paroistre comme il faut
A des habits de parade,
Ainsi que le veut sa grade,
Son office, & qualité,
Marche auecques grauité,
Bien adroit, de grand corsage,
Et le cœur plein de courage:
N'a le corps tant seulement
Armé que pour l'ornement.
    Puis suit deux ou trois rangees
D'hallebardes bien frangées,
    Puis d'autres Picquiers iolis
Armez de bastons polis
(Ie dis) Picques de Biscaye,
pour (au besoin) faire haye.
    Pour l'arriere garde aussi
(Apres ces Picquers icy)

Suiuent de bons Mousquetaires,
qui duits aux arts militaires
Sçauent bien leur rang tenir,
Et bon ordre entretenir.
  Les Sergeants qui ont l'office
De mettre par tout police,
N'ont point de rang, car ils vont
Or à la queuë, ore au front,
Au milieu, ou autre place,
  Voir si quelqu'vn se desplace,
Si les rangs sont bien fournis,
En niueau, ou fil vnis.
  Voylà donc l'ordre admirable
D'vne trouppe martialle,
qui pour tesmoigner sa foy
Faict ainsi seruice au Roy,
Conseruant la Ville aymée
De P A R I s tant renommée.
  Venez donc, ô Deitez,
Approchez vos Maiestez,
Pour voir nos belles Cohortes
quand ils vont garder les portes:
  Venez-y, grand Iupiter,
Non pas pour vous irriter,
Mais d'vne douce influence
Montrez nous vostre clemence,
Afin d'estre resiouis,

Au regne du Roy L o v y s.
   Venez y, vieillard Saturne,
Sage, plombé, taciturne,
Pour rendre icy nos Soldats,
Non esuentez, ny langards:
Qu'ils ayent moins de iactance,
que de force & de vaillance,
Venez, ô Soleil doré,
Voir ce trouppeau decoré,
Affin qu'en la course ronde,
Que vous faictes par le monde,
Paris, vous alliez chantant
Et par sur tous l'exaltant.
   Et vous, Phœbes argentine,
Laissez la sombre courtine,
Pour esclairer ces gens cy
quand le temps est obscurcy:
Affin que le monde voye
Leur or, leur argent, leur soye.
Tirez vos sombre rideaux,
Ou il faudra de flambeaux.
A ce ste trouppe Guerriere,
Manquant de vostre lumiere.
   Venez y aussi, Bacchus,
Non pas pour rendre vaincus.
Nos Soldats (ô chose inique)
De vostre liqueur Bachique,

Ains que soit ceste liqueur
Pour encourager leur cœur,
Affin que prudents & sages
Ils maistrisent leur courage.
     O douce Paix, venez y,
Et ne sortez point di'cy,
qu'ores vostre d. meurance.
Soit au Royaume de France:
Ne sortez point d'auec nous
Car vostre regne est tres doux.
     plustost s'il vous des-agree,
Qu'aux armes on se recree
Vœu & serment nous ferons
Que tant que nous tous viurons,
Nous n'aurons point d'autre armes,
Qu'en peinture ou bien en carmes.
     Or sus donc, diuinitez,
Dedans vos Cieux remontez
Et nous laissez pour salaire
La douce paix salutaire.

FIN.

In Laudem Francorum.
TETRASTICHON.

Gallica gens armis & firmo corpore præ-
    stans,
  Immitisque ferox, Marte secunda ruit:
Præuertit gentes alias, Gentemque togatā,
Aptior & Bello est, hac quia mente valet.
Ioannes Binardus.

En faueur des François.

Les François sont vaillans & tres puis-
    sans en armes:
Inuincibles, vainqueurs, & heureux aux
    allarmes:
Plus adroicts aux combats que nuls de ces
    Romains:
Habilles en l'Esprit, & agilles des mains.
Iean Binard.

www.ingramcontent.com/pod-product-compliance
Lightning Source LLC
LaVergne TN
LVHW011401170726
843501LV00006B/1953